BARNEVELT,

OU

LE STATHOUDÉRAT ABOLI,

TRAGÉDIE

EN TROIS ACTES;

Par le Citoyen FALLET.

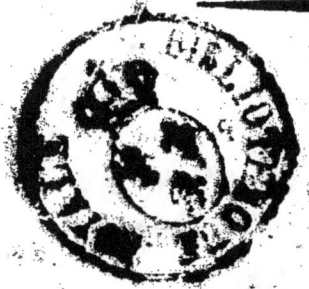

À PARIS,

Chez DESENNE, Imprimeur-Libraire, Maison Egalité, n°^s. 1 et 2.

L'an III de la République française.

BARNEVELT.

PERSONNAGES.

LE PEUPLE.
LES ÉTATS DE HOLLANDE.
BARNEVELT, Grand-Pensionnaire.
MARIE D'UTRECHT.
MAURICE DE NASSAU, Stathoudre.
VAN-LIDE, Membre des États.
UN AUTRE DÉPUTÉ.
GOMAR.
UN VIEILLARD.
UN JEUNE HOMME.
GARDES.

La Scène est à la Haye, dans un Péristile qui, d'un côté, communique à la salle des États, et de l'autre, à celle où le Tribunal des Vingt-Six s'assemble.

A PARIS,

Chez Desenne, Imprimeur-Libraire,

L'an II. de la République Française.

BARNEVELT,
OU
LE STATHOUDÉRAT ABOLI,
TRAGÉDIE.

ACTE PREMIER.

SCÈNE PREMIÈRE.
MAURICE, GOMAR.

MAURICE.

EH bien ! que voulez-vous ? que puis-je faire encore ?
Gomar, j'ai protégé la secte que j'honore,
De vous, de vos amis j'estime la vertu ;
A Dordrecht, par mes soins, un décret fut rendu,
Qui de votre ennemi terrasse l'espérance ;
La Haye enfin vous voit d'un œil de complaisance,
Malgré Barnevelt même ; occuper les emplois
Du triste Arminien, dépouillé de ses droits :
Son école est fermée, et sa chaire est muette.
De principes obscurs dangereux interprête,
On ne le verra plus, adroit déclamateur,
Verser dans les esprits un poison corrupteur.
Votre pure morale électrisant les ames,
De la gloire en nos cœurs sait allumer les flames,

A 2

BARNEVELT

Élève un citoyen, le transforme en guerrier ;
Nous en aurons besoin ; et l'Espagnol altier
Doit voir fixer enfin, après quarante années,
De ce peuple vaillant les hautes destinées.
Bientôt la trêve expire, et l'on doit aux Etats
Décider aujourd'hui la paix ou les combats ;
J'entendrai Barnevelt s'opposer à la guerre,
La paix aura dans moi son plus grand adversaire,
Nous verrons qui des deux doit l'emporter ici.

GOMAR.

Surveillez-le, Seigneur, il est votre ennemi ;
Et le fier ascendant de sa mâle éloquence,
A son gré, trop souvent, fait pencher la balance ;
Il parle, et tout se rend à son art séducteur.
Vous désirez la guerre, et quand votre grand cœur
Se prépare aux combats, assuré de sa gloire,
Le soldat doute-t-il qu'il vole à la victoire ?
Mais vous verrez, Seigneur, d'un homme tel que vous
L'arrogant Barnevelt s'oser montrer jaloux ;
Aux yeux du sénat même il aura d'insolence
D'opposer à Nassau les desseins de la France ;
La France veut la paix, et même avec chaleur,
La conseille aux Etats par son ambassadeur.
Enfin ne doutez pas, mon Prince, qu'il ne tente
Tout moyen, quel qu'il soit, de tromper votre attente,
Ne fût-ce que pour nuire, et se venger sur nous
De l'honorable appui que nous trouvons en vous.

MAURICE.

Rassurez-vous, Gomar, j'ai mes projets, vous dis-je,
Et je ne conçois plus l'objet qui vous afflige.

Ces projets dont votre œil mesure la grandeur,
Fruits de l'ambition qui dévore mon cœur,
Ce jour les accomplit, ou ce jour les renverse.
Il se peut qu'aux Etats Barnevelt les traverse,
Mais je lui parlerai ; ce fier républicain
N'est pas inaccessible à tout respect humain ;
Il me connoit ; il sait, si je fus son ouvrage,
Que je l'en payai bien ; et que mon seul courage
Du joug de l'Espagnol a sauvé son pays.
J'ai servi la Hollande, eh ! quel en est le prix ?
Je suis Stathoudre ; eh bien ! cet honneur, ce vain titre,
De quoi dans cet Etat rend-t-il un Prince arbitre ?
Et la flotte, et l'armée, et la religion,
Sont, dit-on, sous mes lois ; mais quelle illusion !
Par ordre du Conseil il faut que j'en dispose ;
Il décide de tout ; il ordonne, et je n'ose
Prendre jamais sur moi le moindre événement :
Je ne suis rien enfin. En servile instrument
J'exécute son ordre. Ah ! je ne puis comprendre
Comment à ce rang vil mon père a pu descendre.
Princes et Souverains chacun dans nos états,
Nous servirions ici ! Non, je ne prétends pas
Long-tems encor, Gomar, souffrir cette injustice ;
On verra qui je suis, on connoîtra Maurice ;
On apprendra bientôt, si mon bras a vaincu,
Et s'il peut vaincre encor, le prix qui m'en est dû.
Il est juste, il est tems qu'en ces lieux je commande,
Comme y régnoient, jadis, les Comtes de Hollande.
Les Etats, convoqués par leur autorité,
N'exerçoient qu'un pouvoir, justement limité ;
Assemblés rarement, jamais leur influence
Ne mit le moindre obstacle à leur pleine puissance ;

Ils gouvernoient : et moi !.... Cette ombre de pouvoir
Fit trop long-tems ma honte, et fait mon désespoir ;
La guerre peut l'étendre, et la paix le resserre ;
Voilà, Gomar, voilà pourquoi je veux la guerre.
La Liberté, d'ailleurs, dont ils goûtent les fruits,
Dans un repos plus long séduiroit les esprits.

GOMAR.

Ne doutez pas, Seigneur, que cette heureuse audace
Au rang de vos ayeux bientôt ne vous replace.
Mes sectateurs et moi, nous saurons avec art,
Attacher, enchaîner les cœurs à votre char.
Mais de ce Barnevelt appuyé de la France,
Comment, en plein Conseil, dompter la résistance ?
Son austère vertu qui vous a pénétré,
Voudra-t-elle parler, se taire à votre gré ?
S'il parle, les raisons qui proscrivent la guerre,
Ne frapperont que trop la foule mercenaire
Des commerçans obscurs qui peuplent les Etats,
Et dont l'avidité redoute les combats.
Sans doute il séduira le patriote même,
Qui, voyant par la paix, son idole suprême,
La Liberté fleurir et se consolider,
N'entendra Barnevelt que pour le seconder.

MAURICE.

Eh ! je me charge, moi, de prouver qu'au contraire,
Commerçant, patriote, ont besoin de la guerre.
Mais c'est à Barnevelt à m'entendre aujourd'hui ;
Ici même j'en dois conférer avec lui.
Il viendra, je l'attends.

TRAGÉDIE.

GOMAR.

Ah! que va-t-il vous dire,
Si la publique voix a déjà pu l'instruire
Qu'Hoguerbés, Grotius sont dans les mêmes fers
Dont vous avez chargé leur ami Leydembers?
Que lui répondrez-vous? Quelle sera l'issue?....

MAURICE.

Gomar, je vais le voir; et de cette entrevue
Dépendra notre sort, et peut-être le sien.
Barnevelt n'est sans doute encor instruit de rien,
On a choisi l'instant.... S'il s'oppose à la guerre,
Alors ne voyant plus en lui qu'un adversaire,
Oubliant tout égard, contre un tel ennemi
Nous nous concerterons; j'ai bien pris mon parti,
Je suis las de mon sort, Gomar, il faut qu'il change,
Que Maurice aujourd'hui triomphe, ou qu'il se venge.
C'est traîner trop long-tems l'insupportable faix
De la nullité vile où me réduit la paix;
Sur les cœurs votre secte exerce un juste empire,
Dirigez les esprits vers le but où j'aspire;
Parlez, vantez par-tout la guerre et les combats,
Décriez Barnevelt; ne soyez point ingrats,
Je vous ai bien servis, vous, servez-moi de même.
Ah! si vous me portez à la grandeur suprême,
Votre pouvoir s'accroît par mon autorité;
Vous gouvernez le Culte, et moi la Liberté.
L'intérêt, la raison, tout enfin nous rassemble,
Et nous triompherons ou périrons ensemble.

GOMAR.

Oui, perdons Barnevelt; il le faut.... Dès long-tems,
J'ai semé contre lui mille bruits diffamans;

BARNEVELT,

J'ai dit, sur-tout, j'ai dit, et ce peuple stupide
A répété soudain, que Barnevelt avide
Au monarque Espagnol a vendu son pays;
Que de l'or qu'il reçut, il s'est fait des amis;
Que cet ardent amour qu'il feint pour sa patrie,
N'est qu'un art dont il sait couvrir sa perfidie.
Ce bruit, ou faux ou vrai, qui va se répéter,
Prépare à d'autres coups qu'il lui faudra porter.
Voilà par quels moyens....; peut-être il en est d'autres,
Et mes ressentimens sauront servir les vôtres.

MAURICE.

En les servant, Gomar, vous travaillez pour vous.
Quand ce grand citoyen est attaqué par nous,
Défions-nous de lui, de son génie immense,
Et n'entreprenons rien, ami, qu'avec prudence.
Allez.

SCÈNE II.
MAURICE seul.

A tes projets as-tu bien réfléchi?
Nassau, de Barnevelt es-tu donc l'ennemi?
L'ennemi du mortel qui t'a servi de père!
L'ennemi!.... Qu'as-tu fait? sur-tout que vas-tu faire?
D'un semblable dessein mon père soupçonné,
Malgré vingt ans de gloire, est mort assassiné.
Ah!.... j'étois jeune encor, et sans expérience;
Barnevelt, qui m'aimoit dès ma plus tendre enfance,
Crut entrevoir en moi, pour servir son pays,
Les talens que mon père avoit montrés jadis,

TRAGÉDIE.

Il parle, et le Sénat me confie, à mon âge,
Son important emploi, le prix d'un long courage.
Eh bien ! à son espoir n'ai-je pas répondu ?
J'ai combattu par-tout, et par-tout j'ai vaincu,
J'ai chassé l'Espagnol ; j'ai forcé.... Considère
Moins ce que fit ton bras, que ce que tu veux faire ;
Tu veux.... Ah ! je ne suis qu'un traître, qu'un ingrat ;
Je dois défendre, et non asservir cet état ;
C'est pour sa liberté que ma main prit les armes....
Mais que l'ambition a d'invincibles charmes !....
Je n'y puis résister, elle enivre mon cœur ;
Sans le sceptre il n'est point pour Nassau de bonheur ;
Il faut qu'il règne enfin : et Barnevelt lui-même,
S'il refuse à mes vœux l'autorité suprême,
Barnevelt périra ; je sais plus d'un moyen....
D'ailleurs Gomar le hait ; il n'épargnera rien
Pour perdre un ennemi si grand, si redoutable :
Prêtre et chef de parti, de tout il est capable ;
Fions-nous à ses soins.

SCÈNE III.
BARNEVELT, MAURICE.

MAURICE.

O mon père ! est-ce vous ?
De vous entendre encor si mon cœur est jaloux,
N'en soyez point surpris, j'aurois voulu....

BARNEVELT.

Maurice,
Que le bien du pays toujours nous réunisse.

MAURICE.

Mon père ! Vous savez que l'on doit en ce jour,
Du destin de l'Etat décider sans retour.
J'aime à le publier, sa gloire vous est chère,
Et sa prospérité ne peut m'être étrangère.
Avant donc qu'au Sénat, par la discussion,
Vous et moi puissions voir fixer l'opinion,
J'ai voulu vous parler; le peuple nous contemple,
Et plus d'un député sur nous peut prendre exemple;
Il seroit affligeant, nuisible à ce pays,
Que la division régnât dans nos avis :
C'est à vous, Barnevelt, d'éclairer votre élève,
Faut-il signer la paix ? faut-il rompre la trêve ?
Quels sont vos sentimens ?

BARNEVELT.

Qurante ans sont passés,
Depuis qu'on voit durer les troubles commencés ;
Ou vainqueurs, ou vaincus, dans ces quarante années,
Et la terre et la mer ont vu nos destinées
Incertaines flotter sur les deux élémens.
Ah ! le sang du Batave a coulé par torrens.
Philippe, secondé par un ministre atroce,
Digne d'un tel tyran, et plus que lui féroce,
Aux horreurs des combats joignant les échafauds,
Frappoit la Liberté par la main des bourreaux ;
La désolation régnoit dans nos contrées.
La France fut sensible à nos voix éplorées,
Elle parla ; l'Espagne, odieuse à ses yeux,
Craignant d'armer contre elle un peuple généreux,
Accepta le traité de notre indépendance,
Et malgré son orgueil, en signa l'assurance.

TRAGÉDIE.

La trêve pour douze ans en fut encor le fruit,
Le fruit heureux, Nassau. Cette trêve finit,
Et quand l'Espagnol même, encor las de la guerre,
Reçoit enfin de nous une paix salutaire ;
Quand le Batave heureux commence à respirer ;
Quand par son industrie il a su réparer
Des maux qu'il a soufferts une partie immense,
Quand, pour notre intérêt, pour notre honneur, la France,
Ce puissant allié nous conseille la paix,
Vous me demandez, vous, mes sentimens secrets.
Je ne les cache point, vous les saviez, Maurice,
C'est la paix que je veux. Son olive propice,
Protégeant le commerce au vaste sein des mers,
Répandra par nos mains les biens de l'univers,
Nous rendra dans l'Europe encor plus formidables.

MAURICE.

Plus riches, je le crois, mais non plus redoutables.

BARNEVELT.

La richesse souvent sert mal la Liberté ;
Le fier républicain chérit la pauvreté,
Je le sais : mais ces biens qu'une active industrie
Enlève à l'Etranger en servant la patrie,
Ces trésors, croyez-moi, ne sont point dangereux ;
De l'émulation ils sont le fruit heureux ;
De l'Etat épuisé réparant les ruines,
La Liberté par eux affermit ses racines,
Les étend, et bientôt chasse et punit ces rois
Qui volent leurs sujets pour usurper nos droits.
Revenons. Emporté par un désir barbare,
A la guerre déjà Maurice se prépare ;

Je conçois son motif; habile en ce grand art,
La République entière est sous votre étendart;
Vous tenez dans vos mains et sa honte et sa gloire;
Consterné des revers, heureux de la victoire,
Le peuple a constamment les yeux fixés sur vous;
Vous êtes son soutien, son espoir le plus doux,
Voilà ce qui vous porte à désirer la guerre.
La paix n'a point pour vous de si douce chimère;
En paix la loi triomphe, et le guerrier n'est rien.
Artiste, magistrat, et simple citoyen,
Tout marche son égal. Prince, cette justice
Peut déplaire au guerrier, peut déplaire à Maurice,
Mais le bien général, non celui d'un sujet,
Doit décider ici de ce grand intérêt.

MAURICE.

D'un sujet! moi! Nassau!

BARNEVELT.

Quand il faut nous défendre,
Le Sénat donne l'ordre, et vous devez le prendre,
Vous n'êtes qu'un sujet; le peuple est souverain.
Vous savez sur la paix ce que je pense enfin.

MAURICE.

C'est donc là votre avis.

BARNEVELT.

Je n'en eus jamais d'autre,
Et je souhaiterois qu'il fût aussi le vôtre;
Je crois que cet avis doit passer aux Etats.

MAURICE.

Vous en êtes certain?

TRAGÉDIE.

BARNEVELT.

Non pas, Prince, non pas.
Je dis que je l'espére, et parle avec franchise :
Barnevelt n'est pas sûr d'une affaire indécise.

MAURICE.

Mais l'honneur....

BARNEVELT.

Ce n'est point l'honneur de conquérir
Qui nous arma, ce fut la honte de servir.

MAURICE.

Ah ! croyez-moi, montrer tant d'horreur pour la guerre,
C'est nous-même inviter l'Espagne à nous la faire.

BARNEVELT.

C'est agir prudemment. En cet ingrat pays,
Le peuple a son climat, son sol pour ennemis.
Menacé de la mer, et privé de culture,
Le commerce pour lui fait plus que la nature.
Et nous pourrions encor nous armer sur vos pas,
Nous, ô ciel ! affoiblis par trente ans de combats !
Et du Gange oubliant les fortunés rivages,
Nous dédaignerions l'or qui naît dans ces parages !
Ou sans cesse tremblans sur les flots en courroux,
Il faudroit fuir ou vaincre un ennemi jaloux.
Que d'efforts pour sauver cette richesse immense !
Ces dons qu'un ciel brûlant à la terre dispense,
Et notre liberté, trésor plus précieux !

MAURICE.

Ah ! la guerre à Philippe, et ce peuple est heureux.

Lui laisserons-nous donc, glacés par l'épouvante,
Le tems de réparer sa force défaillante ?
Il en profitera pour nous donner des loix,
Et nous perdrons le fruit de nos heureux exploits,
La liberté, l'honneur enfin, si la Hollande
Evite les assauts que la gloire commande.

BARNEVELT.

Ah ! déjà sous vos yeux nos généreux soldats
N'ont que trop prodigué leur sang dans les combats ;
Mais que de ce sang pur dont la veine est tarie,
La guerre vienne encor épuiser ma patrie ;
Que pouvant être libre et tranquille chez lui,
Le Batave provoque un féroce ennemi ;
Qu'il perde, en s'élançant dans les champs du carnage,
Le moment de mûrir le fruit de son courage,
La Liberté, pas qui gouvernant à son choix
Ce peuple Souverain fait lui-même ses loix ;
Ce n'est pas mon avis, et je suis loin de croire
Que la paix aujourd'hui ternisse votre gloire,
Qu'elle laisse nos droits méconnus, incertains ;
Elle fixe, au contraire, à jamais son destins,
Et, dictée à-la-fois par nous et par la France,
Nous assure à jamais de notre indépendance.

MAURICE.

Et je suis certain, moi, que ce traité de paix,
Conclu dans ce moment, ne peut point....

BARNEVELT.

Tes projets
Me sont connus, Nassau, je les lis dans ton ame ;
J'y vois le fol espoir qui t'égare et t'enflamme,

TRAGÉDIE.

De ton cœur mieux que toi je vois tous les replis.
Mais si dans les États toi-même, ou tes amis,
Vous osez proposer ce prétexte frivole,
Alors pour t'accabler je prendrai la parole,
Je te démasquerai ; je dirai tout enfin,
Et l'or que tu répands, et ton lâche dessein
Depuis long-temps formé d'asservir ma patrie ;
Je ne cacherai rien, tu m'entendras. Je t'en prie,
Renonce à ce complot dans l'ombre concerté,
Exécrable, impossible ; ah ! de la Liberté
Goûte encor la douceur dans les bras de ses frères ;
Ce plaisir est exempt de ces peines amères
Que cause à tes pareils un rang plus glorieux ;
Plus glorieux ! que dis-je ? un rang plus dangereux.
Il l'est en ce pays, Nassau, tu peux m'en croire ;
Et tant que je vivrai, je dois mettre ma gloire
A montrer pour un maître et la haine et l'horreur
Que tout républicain porte au fond de son cœur.

MAURICE.

Que me reprochez-vous ? Parlez.

BARNEVELT.

Ta politique,
Les changemens par toi faits dans la République,
Tes prodigalités, tous nos droits usurpés,
Tes bras plus d'une fois dans notre sang trempés,
Les troubles qu'en nos murs fomente, avec mystère,
Ta sourde ambition, ton amour pour la guerre.

MAURICE.

Je vous entends ; laissons cet objet important ;
Ce que Barnevelt pense est connu maintenant.

Il me suffit. Parlons avec même assurance,
D'un autre objet, moins grave, au moins en apparence;
Mais qui peut altérer la paix de nos cités,
Les amis de Gomar que vous persécutez....

BARNEVELT.

Qui? moi? je n'ai jamais persécuté personne,
Je protége encor moins; et Barnevelt s'étonne....

MAURICE.

Vous haïssez....

BARNEVELT.

Je hais les mauvais citoyens,
J'aime l'humanité.

MAURICE.

Mais les Arminiens,
Vous êtes leur appui; du moins leur chef s'honore....

BARNEVELT.

Je les ai tolérés, je les tolère encore,
Comme moins turbulens et plus soumis aux lois.
Mais quand ils sont par vous chassés de leurs emplois,
Au dédain, à l'outrage, alors qu'ils sont en butte,
Comment me reprocher que, moi, je persécute
Les avides mortels qui leur ont tout ravi?
Prince, la tolérance est établie ici,
Et je suis cette loi. Loi sainte et salutaire!
Puisse-t-elle s'étendre aux deux bouts de la terre!
Et calmant les fureurs des partis opposés,
Réunir les mortels, pour leur Dieu divisés!

Quand

Quand ils vont s'égorger, ce Dieu leur crie encore :
Malheureux, aimez-vous, c'est ainsi qu'on m'honore.

MAURICE.

Mais ne craignez-vous point que cet ardent débat
N'excite tôt ou tard des troubles dans l'Etat ?

BARNEVELT.

Détournons nos regards, Prince, de ces querelles,
Et tout sera calmé : ces foibles étincelles
Peuvent s'étendre au loin alors qu'on en a peur,
Mais par le mépris seul on éteint leur ardeur.

MAURICE.

Je m'en remets à vous, à votre expérience,
Qui du Culte et des lois vous donna la science ;
Ainsi donc plus de guerre au dedans, au dehors.

BARNEVELT.

Il ne tiendra qu'à vous.

MAURICE.

    J'y ferai mes efforts.

BARNEVELT.

Puis-je m'en assurer ?

MAURICE.

    Vous connoissez Maurice,
Et ne pouvez douter...

BARNEVELT *(avec ironie)*.

    Je vous rend bien justice....
Vous sortez ?

BARNEVELT,

MAURICE.

Il le faut. Mais nous nous reverrons ;
Sur ce grand intérêt nous nous concerterons,
J'y vais penser encor.

BARNEVELT.

Allez, Prince, j'espére
Que vous-même, aujourd'hui, sentirez que la guerre
N'est utile qu'à vous.

SCÈNE IV.

BARNEVELT seul.

Va, jeune ambitieux,
Sans cesse Barnevelt aura sur toi les yeux :
Je t'ai bien observé, dès long-tems je soupçonne
Tes projets, tes complots.... Il est né près d'un trône,
Il ne pourra jamais devenir citoyen.
De notre Liberté quel indigne soutien !
Il a l'art du guerrier, cette audace commune
D'un mortel, qui voudroit agrandir sa fortune.
Hélas ! je lui croyois des vertus, des talens.
Il en eut autrefois ; mais les crimes des grands,
L'orgueil, l'ambition, l'arrogance polie,
Dont notre loyauté par eux est accueillie,
Ont changé tout son cœur : foible, indécis, jaloux,
Fier, dur, mais caressant, s'il a besoin de vous ;
Mélange monstrueux de hauteur, de bassesse,
Honteux de son opprobre, et s'y plongeant sans cesse,
Lui-même nourrissant, dans son cœur corrompu,
De grands vices couverts d'un ombre de vertu.

Le voilà!.... Cependant, à l'exemple d'un père,
Il nous a bien servis, tant qu'a duré la guerre;
De ce service utile, il lui falloit un prix;
J'avais fait l'un Stathoudre; il n'étoit plus: son fils
Par moi trop soutenu, jeune encor lui succède,
Et par toute l'armée est proclamé dans Leyde.
C'est une double erreur où j'ai conduit l'Etat.
Un Stathoudre est un chef, il doit être un ingrat.
Un chef! il n'en faut point, quand on veut être libre.
Des citoyens entre eux un chef rompt l'équilibre,
Dans l'ombre, d'un bras sûr, frappe la Liberté,
Et son faste insolent détruit l'Egalité.

SCÈNE V.

MARIE D'UTRECHT, BARNEVELT.

MARIE.

Je vous rencontre enfin, ah! cher époux!

BARNEVELT.

Madame,
Qu'annonce à mes regards le trouble de votre ame?
Expliquez-vous, parlez.

MARIE.

Hoguerbés, Grotius,
Ces grands républicains, fameux par leurs vertus,
Ennemis de l'Espagne et de la tyrannie,
Amis de Barnevelt; eux, dont l'ardent génie
Seconda tant de fois vos généreux travaux,
Viennent d'être plongés dans l'horreur des cachots.

BARNEVELT.

Ah! que m'apprenez-vous? Par quel ordre? Quels crimes
Pourroit-on imputer à ces cœurs magnanimes?
Ils ont sauvé l'Etat, voilà tous leurs forfaits.

MARIE.

Il se trame en ces lieux quelques complots secrets,
Quelques complots affreux. Avez-vous vu Maurice?
Ne vous a-t-il rien dit?

BARNEVELT.

Rien. Seroit-il complice
De ce grand attentat?

MARIE.

Non pas complice; auteur.
L'ordre est signé de lui : ce perfide avoit peur
Qu'aux Etats, aujourd'hui, leur voix prépondérante
N'appuyât une voix encor plus éloquente,
Qui doit contre la guerre éclairer les esprits.

BARNEVELT.

Qu'as-tu fait, malheureux? Quel forfait! j'en frémis.
Jusqu'à quand verra-t-on l'altière tyrannie,
Les cours, les courtisans opprimer la patrie?
Et toi, ne vois-tu point, peuple franc, peuple bon,
Les fers qu'a préparés l'infame ambition?
Elle va t'en charger, si d'une main sévère
Le Sénat ne contient ce jeune téméraire.

TRAGÉDIE.

MARIE.

Mais il faut se hâter; il peut jusques sur vous
Porter sa main hardie, étendre enfin ses coups.

BARNEVELT.

Mon intérêt n'est rien dans la cause commune;
Et quand on doit pleurer la publique infortune,
Songer à soi, Marie, est une lâcheté
Trop indigne d'un cœur né pour la Liberté,
Trop indigne de moi; je suis époux et père,
Il est vrai; mais enfin je dois ma vie entière
A mes concitoyens; je ne vois que l'Etat,
Je ne vois que l'horreur d'un pareil attentat,
Je ne vois.... Ce soupir veut-il me faire entendre
Que vous avez encor des malheurs à m'apprendre?
Que deviennent mes fils? Parlez.

MARIE.

Dignes de vous,
Ils feront le bonheur de parens tels que nous;
Tous deux...

BARNEVELT.

Si mon devoir ravit à ma vieillesse
Le tems de diriger, de guider leur jeunesse
A la mâle vertu qui doit en eux briller,
En quelle main plus digne ai-je pu confier
Ce dépôt précieux, qu'en celle d'une mère
Dont toutes les vertus forment le caractère?

MARIE.

Ah! si vous me louez, est-ce à moi d'en rougir?
Marie est votre ouvrage.

BARNEVELT.

Allons, il faut agir ;
Il faut de Leydembers, accusé d'un grand crime,
Dévoiler aux Etats la conduite sublime :
Je le veux, je le dois. Madame, ces amis,
Qu'un traître ose arrêter, ce matin m'ont remis
Un écrit qui lui seul peut, avec évidence,
Même à ses ennemis, prouver son innocence.

MARIE.

Son innocence ! Ah, Dieux !.... De sa main il est mort ;
Il a dans sa prison....

BARNEVELT.

Quel horrible transport.
Puis-je croire ?...

MARIE.

A l'instant, son trépas se publie ;
Il n'est que trop certain.

BARNEVELT.

Sa mort le calomnie ;
De son Patriotisme, hélas ! on va douter.

MARIE.

C'est Nassau qui déjà l'avoit fait arrêter,
C'est lui qui l'assassine. Ah ! quel affreux présage
Pour ces mêmes amis que sa fureur outrage !

BARNEVELT.

Quel qu'il soit, ce présage est nul en ce moment.
La vérité n'est qu'une, et va, sur l'innocent,

Lancer avec la foudre un éclat favorable,
Qui doit de honte enfin couvrir le vrai coupable ;
C'est Nassau : par ses coups Leydembers immolé,
De sa tombe, au Sénat, va s'entendre appelé ;
Il revit à ma voix : Hoguerbée, Grotius,
Verront également triompher leurs vertus,
N'en doutez point, Marie ; oui, je finis leurs peines,
Je les rends à l'Etat, on partage leurs chaînes.

Fin du premier Acte.

ACTE II.

SCÈNE PREMIÈRE.

GOMAR seul.

Quoi ! Maurice en ces lieux n'est point encor rendu !...
A ses ressentimens mon zèle a répondu ;
J'ai dû, vantant par-tout la guerre et la victoire,
Réveiller dans les cœurs un noble instinct de gloire,
Chacun s'arme ; j'ai dû, contre un mortel puissant,
Des esprits abusés aigrir l'acharnement,
Et déjà l'on répète, au sein des Etats même,
Des faits graves, semés avec un art extrême,
Qui dans l'opinion le perdent aujourd'hui.
Contre un autre ces faits sans doute auroient suffi,
Mais contre Barnevelt, contre ce fier génie,
Qui, depuis quarante ans, aime et sert sa patrie ;
Contre lui ces faux bruits produiroient peu d'effet.
Il le faut donc charger de quelque grand forfait :
Tout est prêt : attaquer un pareil adversaire,
Sans offrir du complot la preuve nécessaire,
C'étoit lui préparer un triomphe certain :
J'ai su tout prévoir, tout ; et je tiens à la main
Cette preuve ; bientôt j'en accable le traître ;
La voilà ! quel mortel pourroit la méconnoître ?
Cet écrit de Philippe, avec art imité,

Qu'on croira de Madrid à la Haye apporté,
Est produit aux Etats : on voit qu'en sa réponse
Le Monarque Espagnol discrètement annonce
Que Barnevelt reçut des propositions
Pour livrer la Hollande : ah ! quels affreux soupçons !
Ce fait seul, et tout l'or que l'on doit lui remettre !....
Que pourra-t-il jamais répondre à cette lettre ?
Il faut qu'il meure.

SCÈNE II.

MAURICE, GOMAR.

MAURICE.

Eh bien ! contre notre ennemi
Avez-vous déchaîné votre puissant parti ?
Avez-vous dévoilé ses coupables intrigues,
Contre le Culte et moi ses sacriléges brigues ?
Avez-vous entraîné le Batave séduit ?
Parlez, qu'avez-vous fait ?

GOMAR.

Vous en serez instruit,
Et j'espère....

MAURICE.

Du tems j'ai bien su faire usage ;
J'ai dépeint Barnevelt, dans ce public orage,
Comme un esprit farouche, un vieillard ombrageux,
Pour notre Liberté d'autant plus dangereux,

Que, sans rien exiger, sa haute renommée
Fixe l'opinion sur la sienne formée ;
Que, sous le faux dehors de patriote ardent,
Il a d'un vrai despote ici tout l'ascendant ;
Que devant lui l'on n'ose exprimer sa pensée,
Sans voir ses jours proscrits, et sa gloire exposée.
Voilà ce que j'ai dit, et tous mes partisans
L'ont mis à l'instant même au nombre des tyrans ;
Tous enfin m'ont promis que dans cette séance,
Ils sauroient renverser sa perfide éloquence....
Mais quelle est cette lettre ?.... Ah ! qu'est-ce que je vois ?
Un écrit de Philippe ! Intercepté ?....

GOMAR.

Par moi.

MAURICE.

D'un service si grand vous aurez le salaire....
Je sais de cet écrit l'emploi qu'il faudra faire,
Fiez-vous à mes soins ; rassurez nos amis ;
Aucun de nous, Gomar, ne sera compromis,
Je vous répons de tout : mais soyez-moi fidèle,
Servez toujours ma cause avec le même zèle,
Vous savez ma promesse, elle est sacrée.... Allez,
Je crois que les Etats sont déjà rassemblés,
Je dois rester ici.

SCÈNE II.

MAURICE seul, (relisant la lettre).

Je vois tout ; ce perfide,
Avec tranquillité médite un parricide,

TRAGÉDIE.

J'en frémis.... Eh, quoi donc ? Il auroit la noirceur.....
De son forfait lui-même il m'a su faire horreur,
Oui.... Pour l'ambitieux tout devient légitime.
On méprise le traître, on profite du crime,
C'est l'usage.... Que dis-je ? Arrête, arrête, ingrat.
L'usage ! Comme lui tu deviens scélérat,
Si de sa trahison tu tires avantage,
Si, le crime connu, ta fureur le partage.
Moi ! coupable ! qui moi ! Moi dont le nom fameux
Devroit passer sans tache à nos derniers neveux !
Je m'avilirois ! Non.... Je sens couler mes larmes,
Barnevelt !.... Il paroît, je conçois ses alarmes ;
Ah ! calmons, s'il se peut, ses esprits irrités ;
Il m'évite !

SCÈNE IV.

BARNEVELT, MAURICE.

MAURICE.

Arrêtez, Barnevelt, arrêtez ;
Pour la dernière fois expliquons-nous ensemble.

BARNEVELT.

Nous expliquer ! Quel nœud désormais nous rassemble !
Vous sur-tout, qui venez d'outrager, sans pudeur,
La loi qui, de l'Etat assure le bonheur.
Laissez-moi ; Barnevelt ne peut plus vous entendre.

MAURICE.

Vous qui me chérissiez d'une amitié si tendre,

Qui, comme un de vos fils m'avez long-tems traité,
Apportez-vous ici tant de sévérité ?
Qu'ai-je donc fait enfin que cette loi réprouve ?
Parlez, répondez-moi...

BARNEVELT.

Croyez-vous qu'elle approuve
Tant d'horribles complots contre la Liberté ?
De votre seul pouvoir Leydembers arrêté,
Grotius, Hoguerbés, ces généreux courages,
Dont je sais qu'au conseil vous craigniez les suffrages.
Aujourd'hui, sans égard, par un même attentat,
Traités par vous, Maurice, en criminels d'Etat !

MAURICE.

Le Conseil n'a-t-il pas remis à mon seul zèle
Le droit de surveiller toute trame infidèle ?
Et n'ai-je pu dès-lors.....

BARNEVELT.

Non, vous ne pouviez rien.
Votre pouvoir est nul contre tout citoyen,
Contre tout député, connu pour patriote;
Et vous avez agi contre eux en vrai despote.

MAURICE.

Ils étoient soupçonnés, et j'ai dû prévenir
Les complots qu'en secret tous trois pouvoient ourdir :
Mais s'ils sont innocens.

BARNEVELT.

Eux coupables ! Maurice !
Ah ! s'ils l'étoient jamais, je serois leur complice.

TRAGÉDIE.

Je pense en tout comme eux; mais je possède enfin
La preuve qu'ils formoient un généreux dessein;
Ce prétendu complot est un trait d'héroïsme.

MAURICE.

S'il est ainsi, je cède; à leur patriotisme
J'applaudis; je veux même admirer leurs vertus,
Et qu'à la Liberté, sur l'heure ils soient rendus.
Que tout soit réparé; cette erreur respectable
Ne sauroit plus long-tems être, à vos yeux, coupable.

BARNEVELT.

Que tout soit réparé! mais ce sang malheureux,
Versé dans la prison par un bras généreux,
Parle, peus-tu le rendre à ce cœur magnanime,
Qu'épouvanta toujours l'ombre même du crime?
Que tout soit réparé! peus-tu rendre à l'Etat
Le digne appui qu'il perd dans ce grand magistrat?

MAURICE.

Quoi! Leydembers....

BARNEVELT.

Est mort. De sa main éperdue,
Il a....

MAURICE.

Dieux! Se peut-il?....

BARNEVELT.

Eh! c'est toi qui le tue.
Que tout soit réparé! Mais il est des forfaits
Que les plus grands remords ne réparent jamais.

L'ignore-tu ? Prends-garde, ah ! prends-garde, Maurice,
Que quelque Dieu vengeur un jour t'en avertisse ;
C'est un tourment affreux ; et tes pleurs, et tes cris,
Feroient quelque pitié, même à tes ennemis :
Plus de repos pour toi ; ton ame bourrelée
Retraceroit ton crime à ta raison troublée ;
Egaré, tu courrois, invoquant le trépas,
Tu courrois, et la mort fuiroit devant tes pas ;
En horreur à toi-même, et détestant la vie,
Tu languirois, couvert d'opprobre et d'infamie.

MAURICE *effrayé*.

Cessez, cessez, mon père....

BARNEVELT.

      Adieu. J'entre aux Etats,
Déjà l'on doit avoir commencé les débats ;
J'y vais à mes amis, qu'un sort indigne accable,
Prêter contre toi-même une voix secourable,
J'y vais tout révéler ; et ce bien précieux,
Qui doit rendre à jamais nos citoyens heureux,
Qui laisse respirer la pitié consolée,
La paix, si j'en suis cru, ne sera point troublée.
Adieu.

SCÈNE V.

MAURICE *seul*.

Quoi ! rien ne peut égarer sa vertu !
En vain pour le sauver j'ai fait ce que j'ai pu ;

TRAGÉDIE.

Il veut périr.... Pourquoi l'esprit opiniâtre
De ce sombre vieillard?.... Ce bien qu'il idolâtre,
La Liberté, mon cœur aussi la chériroit;
Mais jamais pour un prince eut-elle quelqu'attrait?
Par-tout, à son nom seul, notre fierté s'alarme,
Nous n'en pouvons sentir l'inconcevable charme,
Cependant.... Barnevelt! Puis-je te pardonner
D'affranchir ton pays que je veux enchaîner!
Voilà tous tes forfaits, voilà mes entreprises!....
Ces lettres en mes mains heureusement remises....
Ne précipitons rien.... Paroîtrai-je aux Etats?
Je serai moins suspect en ne m'y montrant pas....
J'ai besoin d'un mortel prudent, ferme, intrépide;
Un membre des Etats pourroit seul....

SCÈNE VI.
VAN-LIDE, MAURICE.

MAURICE.

Ah! Van-Lide,
Est-ce vous? Ecoutez; que fait-on maintenant?
Quel objet se discute, ami, dans ce moment?
Parle-t-on de la paix? Apprenez....

VAN-LIDE.

On commence.
On lisoit à l'instant des lettres de la France.
Pour vous en avertir je suis sorti, Seigneur;
La France de la paix nous vante la douceur.

MAURICE.

Vous savez mes desseins, vous savez que j'abhorre....
Sur vous, sur vos amis puis-je compter encore?

BARNEVELT,

VAN-LIDE.

Ah! c'est nous insulter....

MAURICE.

La France, dites-vous,
Nous conseille la paix! Conçoit-on, entre nous,
De ce puissant Etat l'étrange politique?
Il protége en ces lieux la Liberté publique,
Et tient son peuple esclave.

VAN-LIDE.

Oui, mais si quelque jour,
Ce grand peuple vouloit être libre à son tour,
Ah! qui résisteroit à cet effort sublime,
Où pourroit l'emporter un élan magnanime!
Lorsque la Liberté luira sur ce pays,
Tous les Rois de l'Europe, ensemble réunis,
S'armeront vainement contre ces fiers courages;
Dirigés, soutenus par un conseil de sages,
Ils vaincront tous les Rois.

MAURICE.

Je le crois, poursuivons.
Si dans notre entreprise, ami, nous succombons,
Si Barnevelt remporte encor cette victoire,
Si l'on me ferme, à moi, le chemin de la gloire,
Ils n'en faut point douter, nous sommes tous perdus;
Aux pieds de Barnevelt nous rampons abattus;
Son crédit s'accroîtra de nos désavantages;
Nous n'aurons que la honte, et lui tous les hommages.
Ah! vous devez sentir....

VAN-LIDE.

TRAGÉDIE.
VAN-LIDE.

Prince, ne doutez pas
Que l'esprit de parti n'oppose en ces débats
Tout ce que l'intérêt, l'adresse, l'éloquence,
Peuvent....

MAURICE.

Voilà de quoi les réduire au silence.
Cet écrit d'un complot décélant la noirceur,
Est tombé dans mes mains.

VAN-LIDE.

Ah! Prince! quel bonheur!
Daignez permettre....

MAURICE.

(à part).

Non.... Oserois-tu, perfide,
Te charger, te souiller d'un si grand patricide?

VAN-LIDE.

Pardonnez, je croyois....

MAURICE *(à part).*

Le tems presse, résous;
Ou livre Barnevelt, ou péris par ses coups.
(Il hésite encore et donne enfin la lettre à Van-Lide).

VAN-LIDE.

Qu'ai-je lu? Cette lettre en un moment terrasse
D'un perfide ennemi l'espérance et l'audace.
Restez ici, je vais.... Mon Prince, il ne faut pas
Qu'elle soit par vos mains présentée aux Etats,

L'effet en est plus sûr, produite par la mienne.
Mais saisissons l'instant. Je cours....

MAURICE.

Qu'il vous souvienne
Que j'attends.

VAN-LIDE.

Il suffit.

SCÈNE VII.
MAURICE seul.

Ah ! le coup est porté;
Et je ne goûterai quelque tranquillité....
Du repos dans le crime ! Ah traître !.... La couronne,
Cet espoir séduisant, d'où vient qu'il m'abandonne ?
D'où vient que je ne puis ?.... Non, l'ennui le plus noir
Dans mon cœur déchiré corrompt ce doux espoir.
Justes Dieux ! Du remord je suis déjà victime,
Que deviendrai-je donc, si j'achève le crime ?
Mais que vois-je ?

SCÈNE VIII.
GOMAR, MAURICE.

MAURICE.

Gomar, que voulez-vous de moi ?

GOMAR.

Quoi ! ce cœur intrépide est ouvert à l'effroi !
Qu'est-il donc arrivé, mon Prince ?

TRAGÉDIE.

MAURICE.

        Je l'ignore.
Van-Lide est aux Etats, on ne sait pas encore....
J'attends, je meurs, ô ciel!.... Mais va donc t'informer....

GOMAR.

L'état où je vous vois a droit de m'alarmer;
Qui peut troubler ainsi cette ame magnanime?

MAURICE.

Tu le demandes! toi! qui la trouble? Mon crime,
Le tien.... Heureux encor, en ce moment cruel,
Que je puisse douter si je suis criminel?
Si je le suis!.... Va-t-en, perfide, sors, te dis-je,
Laisse-moi seul. O Dieu! par quel affreux prestige
A-t-il pu?.... Tu te fais toi-même illusion;
Tu courois au-devant de la séduction,
Il ne lui falloit de grands efforts.... Maurice,
Abhore-toi toi-même ou chéris ton complice.
Ton complice! à toi! Ciel!... Ah! Gomar! revenez;
A mes égaremens, de grâce, pardonnez;
Nous sommes, vous et moi, Gomar, de grands coupables.
Nous avons à rougir de forfaits exécrables,
Le faux, l'assassinat.... Ah! si nous échouons,
Quelle honte pour nous! quels dangers nous courons!

GOMAR.

Le succès est certain, que votre espoir renaisse;
Ou du moins cachez-moi cet excès de foiblesse.
Eh! depuis quand, Seigneur, n'est-il donc plus permis
De frapper, d'accabler ses plus grands ennemis?

C 2

Ils nous auroient perdus, s'ils avoient pu le faire,
Et de les prévenir il étoit nécessaire.
Rassurez-vous donc, Prince, et cessez d'exposer
De courageux mortels, qui savent tout oser ;
Qui pour votre intérêt....

SCÈNE IX.

VAN-LIDE, GOMAR, MAURICE.

MAURICE.

     Qu'avez-vous fait ? Van-Lide,
De quel œil a-t-on vu cette trame perfide ?
Barnevelt....

VAN-LIDE.

  Est aux fers.

MAURICE.

      Ah ! Van-Lide ! un moment.
Laissez-moi respirer.... De quel poids accablant !....
Parlez, parlez ; comment ! on a pu se résoudre !....
L'effet de cette lettre....

VAN-LIDE.

      Est celui de la foudre.
Déjà l'on discutoit ; pour et contre entendus,
Les orateurs tenoient les esprits suspendus.
Barnevelt s'apprêtoit sans doute à leur répondre,
Son parti qu'à jamais ma voix vient de confondre,
Attendoit son avis pour y régler le sien.
Je parois ; et prenant un sévère maintien,

Un accent triste et sombre, il faut, il faut, leur dis-je,
Cesser tous ces débats, le bien public l'exige.
Vous avez à punir le plus grand criminel
Qui de la Liberté souilla jamais l'autel ;
Des plus saintes vertus le voile respectable
De ce lâche mortel couvre le front coupable ;
Eh bien ! il vous livroit à vos vils ennemis,
Au barbare Espagnol il vendoit son pays ;
Quelques momens plus tard, c'en étoit fait sans doute,
Et l'Etat retomboit sous le joug qu'il redoute.
Ce cruel, ce perfide, il est dans votre sein,
Il me voit, il m'entend ; reconnoissez-le enfin,
C'est lui, c'est Barnevelt.... A ces mots, l'assemblée
De tumulte, de cris se voit long-tems troublée ;
Les deux partis mêlés se livrent, à l'instant,
L'un au plus doux espoir, l'autre à l'emportement.
On m'impose silence, on me menace ; et moi,
Au milieu de l'orage, incapable d'effroi,
Calme, je continue ; oui, d'un crime effroyable
J'accuse devant vous ce vieillard détestable,
Ce traître, parmi nous trop long-tems respecté,
Et je vais vous prouver le forfait imputé ;
Je le prouve. Aussitôt les lettres déposées
Sont à tous les regards par moi-même exposées ;
Chacun les lit ; s'étonne, et s'indigne, et frémit.
Barnevelt réclamoit : eh bien ! leur ai-je dit,
Le crime est-il douteux ? Suis-je donc condamnable
D'avoir sauvé l'Etat ?.... Les lettres, le coupable,
Tout doit au tribunal sur l'heure être envoyé,
Je le demande : alors, des nôtres appuyé,
L'envoi s'ordonne ; aux mains de la garde étonnée
Barnevelt est remis ; dans son ame indignée,

Il cherche quel mortel put lui porter ces coups;
Ses soupçons aisément s'arrêteront sur nous,
Qu'importe? Dès long-tems il prétend qu'on le craigne,
Il veut tout dominer; que son supplice éteigne
La haine dont sa gloire allume le transport;
Qu'il meure, et, s'il le faut, nous pleurerons sa mort.

SCÈNE X.

MARIE D'UTRECHT, MAURICE, GOMAR, VAN-LIDE.

MARIE.

A ce front satisfait, je crois que ma patrie
Obtient quelques succès; vous qui l'avez servie,
Qui la servez encor, Maurice, apprenez-moi....

MAURICE (*à part.*)

Moi! je la sers! ô Dieux!

VAN-LIDE.

     Un mortel faux, sans foi
Vendoit à l'Espagnol la Hollande trahie,
Il vient d'être arrêté; quand le crime s'expie,
Quand par un coup du sort, la voix d'un magistrat
Dévoile à tous les yeux cet horrible attentat,
Quand l'Etat est sauvé, vous approuvez la joie
Où ses plus chers enfans livrent leur cœur en proie.

MARIE.

Je la partage même. Eh quoi! dans le Sénat
L'Espagne a pu trouver encor un fils ingrat,

TRAGÉDIE.

Un fils dénaturé, dont la main sanguinaire
Enfonçoit le poignard dans le sein de sa mère!

(appercevant Barnevelt au milieu des gardes.)

Qu'il meure dans l'opprobre... Ah! qu'est-ce que je voi?
Est-là ce mortel? ce cœur faux et sans foi?
Perfides.

SCÈNE XI.

BARNEVELT, MARIE D'UTRECHT, MAURICE, VAN-LIDE, GOMAR, GARDES.

MARIE.

Barnevelt, vous me voyez surprise.
Quelle est donc, justes Dieux! cette horrible entreprise?
Qui peut avoir osé?....

BARNEVELT.

C'est le crime ou l'erreur.
(montrant Van-Lide.)
Ils vous l'ont tu! Voilà mon dénonciateur!

MARIE.

Se peut-il? toi, Van-Lide! ô Ciel! as-tu pu croire
Que jamais Barnevelt, au mépris de sa gloire,
Ait pu trahir l'Etat qu'il sauva tant de fois.

BARNEVELT.

Il est mon adversaire; ils le sont tous les trois.
Nassau, parce qu'il veut asservir ma patrie,
Celui-ci pour sa secte, et l'autre par envie,

Par esprit de parti : tous trois, depuis long-tems,
Je les ai poursuivis de mes regards perçans :
Ah ! je méprisois trop leur haine pour m'en plaindre.
Mais que dans tous les rangs les méchans sont à craindre !
Un Prêtre chef de secte ! un Stathoudre ! un rival !
Qu'ai-je fait ? mon devoir. Allons, le tribunal
Va juger du forfait que ce traître m'impute ;

MARIE.

Un si grand citoyen peut-il se voir en bute
A de pareils complots ? Et verra-t-on toujours
Le défenseur du peuple immolé par les Cours !

BARNEVELT.

Sans doute on le verra, tant que les patriotes
Conserveront des Cours, en chassant les despotes.
Cette faute est la mienne ; ô mortels généreux !
Vous qui devez un jour fonder, en d'autres lieux,
L'auguste Liberté que tout mortel adore,
Evitez, redoutez l'erreur que je déplore,
Qu'aucun tyran n'échappe ; en reprenant vos droits,
Faites tomber leur tête avec le fer des lois :
Point de roi, point de chef, quelque nom qu'on lui donne,
Tout peuple s'avilit, s'il souffre une couronne.

MARIE.

Daignez enfin m'entendre. Eh ! comment le Sénat
Peut-il croire ?....

BARNEVELT.

      On m'accuse, et tout crime d'Etat
Doit être examiné de l'œil le plus rigide ;
Trop d'indulgence peut conduire au parricide.

Et le soupçon, fût-il dénué de raison,
De vraisemblance même, il faut que ce soupçon
Soit sur l'heure éclairci. Dans une République
L'individu n'est rien, la sûreté publique
Voilà la loi suprême ; et malgré mes amis,
Je veux à cette loi moi-même être soumis.
Elle va prononcer.

MARIE.

Craignez que quelque traître....

BARNEVELT.

Le crime sur l'honneur l'emportera peut-être ;
Mais on sert son pays, encor aux échafauds,
Quand notre vertu doit survivre à nos bourreaux.
Adieu.

MARIE.

Je veux vous suivre.

BARNEVELT.

Oui, venez, chère épouse.
De notre fermeté si la haine est jalouse,
Qu'elle en retrouve ici le trait le plus frappant ;
Ah ! ne nous quittons plus.

MARIE.

Non.

BARNEVELT *(bas et à part.)*

Qu'au dernier moment.

Fin du second Acte.

ACTE III.

SCÈNE PREMIÈRE.
VAN-LIDE, GOMAR.

VAN-LIDE.

De Nassau, dites-vous, l'ame étoit interdite;
Il cède à des remords, il se trouble, il s'agite,
Quel excès de foiblesse! Est-il tems aujourd'hui,
Quand le triomphe est sûr?... Défions-nous de lui,
C'est un Prince; Souvent ces cœurs froids et timides,
Ont compromis, perdu les mortels intrépides,
Qu'eux-même ont exposés à des dangers certains.
Toujours auprès des grands tels seront nos destins.
Les succès sont pour eux; mais si le sort contraire
Renverse l'entreprise, ils savent se soustraire
Au soupçon par leur rang, par leur place au trépas,
Nous seuls nous périssons. Ah! je ne pensois pas,
Qu'un guerrier, aux combats jadis si redoutable,
Fût jamais....

GOMAR.

Il n'est rien dont Nassau soit capable,
Pas même de régner. Le trône étoit à lui;
Si Barnevelt succombe, il entraîne aujourd'hui
Le parti qu'aux Etats son bonheur sut lui faire;

TRAGÉDIE.

Le nôtre plus nombreux eût décidé la guerre;
Et Maurice plus craint, alors plus respecté,
Eût vu s'accroître ainsi sa foible autorité.
Nous lui donnions le sceptre.

VAN-LIDE.

                Ami, l'Europe entière
Avec plaisir eût vu ce sceptre héréditaire
S'appesantir courbé sur notre Nation ;
Oui, l'Europe l'eût vu sans indignation,
Tant les rois sont charmés qu'un peuple s'avilisse !

GOMAR.

Ah! quelqu'espoir me reste ; et lui-même, Maurice,
Est aujourd'hui forcé d'accomplir son dessein ;
Il se perd s'il hésite.

VAN-LIDE.

             Il est vrai, mais enfin
Son indécision, son étrange foiblesse,
Quand pour lui je m'expose, et m'indigne et me blesse.

GOMAR.

Rassurez-vous : il est quelque motifs cachés....
D'ailleurs à son parti ces juges attachés,
Vont bientôt prononcer la mortelle sentence ;
Attendons.

VAN-LIDE.

       Non, je cours, dans mon impatience....
Où l'avez-vous laissé ? Que devient-il ? Pourquoi
Le quittez-vous, Gomar ? Il peut.... Ah ! je le voi.

SCÈNE II.
MAURICE, VAN-LIDE, GOMAR.

MAURICE.

Je vous retrouve, amis ; ah ! pardonnez ; j'atteste
Que si de Barnevelt j'ai plaint le sort funeste,
C'est un reste expirant de ma triste amitié :
Son cœur des plus doux nœuds me fut long-tems lié.
Je lui devois aussi quelque reconnoissance ;
De ces froids sentimens Maurice enfin s'offense ;
Ils ont trop apporté d'obstacle à ma grandeur,
Et de mes amis même ils consternoient l'ardeur.
C'en est fait ; aujourd'hui tout entier à ma haine,
Avec tranquillité je vois sa mort prochaine.
Ses juges vont bientôt prononcer son arrêt,
Et dans ce même instant peut-être en est-ce fait.
Je vais donc voir tomber ce mortel que j'abhorre !....
Cependant aux Etats on délibère encore,
La guerre y tient toujours les esprits divisés ;
Que tous nos ennemis soient par vous terrassés,
Van-Lide, allez. courez, et que votre présence
Rende aux nôtres l'espoir perdu par votre absence.
Plus de paix, ah ! voilà ce qu'il faut obtenir,
Allez, et du succès venez me prévenir.

VAN-LIDE.

J'y vais, Seigneur, j'y vais ; mais enfin puis-je croire
Que d'une ame plus ferme....

MAURICE.

    Il y va de ma gloire,

TRAGÉDIE.

Soyez sans défiance ; ah ! je puis désormais
M'avouer à moi-même à quel point je le hais.

SCÈNE III.
MAURICE, GOMAR.
MAURICE.

Nous, restons en ces lieux. Sans que je t'avertisse,
Sitôt qu'il paroîtra, cours hater son supplice ;
Qu'il ne puisse parler et qu'il meure à l'instant.
Ne donnons pas le tems à ce peuple inconstant
De plaindre sa victime ; une fois abattue,
Qu'il pleure sa bonté, sa vertu méconnue,
Qu'il pleure ses bienfaits ; j'y consens, je le veux,
Mais que de son aspect on délivre mes yeux.
Non, rien ne peut, Gomar, le soustraire à ma rage,
Je déteste le jour qu'avec lui je partage,
J'ai souffert trop long-tems.... Son épouse paroît,
Son arrêt est porté, cours en presser l'effet.
(Gomar sort.)

SCÈNE IV.
MARIE D'UTRECHT, MAURICE.
MARIE.

Es-tu content, Nassau ? La plus noire imposture
Conduit à l'échafaud la vertu la plus pure ;
Tu n'as plus de rival, et je n'ai plus d'époux,

Mes enfans plus de père ; et l'Etat, comme nous,
Dans Barnevelt encor fait une immense perte.
A ton ambition la route est toute ouverte,
Tu fais ce que tu veux ; oui, tu peux désormais
Parvenir jusqu'au trône, à force de forfaits,
Et pour nous asservir recommencer la guerre.
Délivré du mortel qui te tint lieu de père,
Quel frein t'arrêteroit ! Toi, que ses cheveux blancs,
Ce front, même par toi révéré si long-tems,
Les soins, les tendres soins qu'il prit de ton enfance,
Que son amour pour toi, que la reconnoissance,
N'ont pas pu retenir.... Le plus doux de tes vœux
Est donc enfin rempli, tu règnes, malheureux !
Tu règnes par sa mort !.... Tremble que ta victime
Ne revive en ses fils, ne punisse ton crime,
Ne renverse ton trône encor mal affermi ;
Et que du sang versé d'un perfide ennemi
De notre Liberté, la palme verdoyante
Ne s'étende et ne croisse encor plus florissante.

MAURICE.

Ah ! j'atteste le Ciel....

MARIE.

Il ne t'entendra pas,
Non, barbare, il est sourd à la voix des ingrats.
Cesse de dévoiler ton affreux caractère ;
Tu n'attestes le Ciel que pour tromper la terre ;
Des tyrans comme toi tel est l'art infernal.
Crains ce Ciel qui te vois, il te sera fatal ;
Va, contre l'œil des Dieux il n'est point de refuge ;
Tu jugeas Barnevelt, le Ciel sera ton juge.

TRAGÉDIE.

MAURICE.

Eh! madame, est-ce moi qui fais couler son sang?....
Mais accorder sa grâce est un droit de mon rang,
La demanderiez-vous?

MARIE.

Oui, s'il étoit coupable,
Mais il est innocent.

MAURICE (*à part.*)

Orgueil insupportable!

MARIE.

Sa grace! à toi, Maurice! Il m'en désavoueroit.
D'un infame pardon son honneur rougiroit :
Et toi-même en l'offrant, faussement magnanime,
Tu veux tromper ce peuple, et faire croire au crime
Que, par ton or coupable, un mortel corrompu,
Pour perdre Barnevelt, impute à sa vertu.

SCÈNE V.

BARNEVELT, GARDES, LES ACTEURS PRÉCÉDENS.

MARIE.

Que vois-je? cher époux!

BARNEVELT.

Je vous l'ai dit, madame,
Le supplice où je cours est l'effet d'une trame,

Faite de main de Prince et de vils courtisans,
Qui, par leur art, au crime attirent ses penchans;
Il y faut succomber. Non, jamais perfidie
Ne put être en effet plus noire et mieux ourdie.
Ce tribunal de sang à mon tyran vendu,
Proscrit également le crime et la vertu.
Plus d'une fois, hélas! sa rage meurtrière
A massacré le fils entre les bras du père.
Sans constater leur crime, il étouffoit les cris
Des enfans, des vieillards, des femmes, des maris;
Tout en vain attestoit leur timide innocence,
Leur front étoit marqué du sceau de la vengeance:
Il a fallu périr: l'un dans l'autre mêlé,
Aux yeux des citoyens leur sang a ruisselé.
Mais il sera vengé. Le jour de la justice
Luit, et flatte nos cœurs de son éclat propice.
Ah! tremblez, scélérats, votre règne est passé;
Celui de la vengeance est déjà commencé:
Chaque jour l'affermit: le glaive redoutable
Menace et va frapper votre tête coupable.
Ah! qu'elle tombe, en butte à l'horreur, au mépris,
Que l'équité triomphe; et qu'enfin mon pays
Respire heureux et libre, en gravant dans l'histoire
De vos nombreux forfaits l'effrayante mémoire.
La vérité, Maurice, a parlé par ma voix:
J'ai, pendant cinquante ans, toujours soumis aux lois,
Poursuivi les tyrans, le crime et l'injustice;
Je ne fais, en mourant, qu'un léger sacrifice,
Ma course étoit remplie, et je me préparois
A quitter pour toujours d'intéressans objets;
Et mes fils, et ma femme, et ma chère patrie.
Quelques momens plutôt j'abandonne la vie,

Eh!

TRAGÉDIE.

Eh! qu'importe?.... Maurice, en un point cependant
Ton complot échouera; tu crois qu'en expirant,
A ton ambition je livre la Hollande,
Qu'en despote déjà ton orgueil y commande,
Tu te trompes; non, non, tu n'es pas encor roi;
Et deux fils généreux, que je laisse après moi,
Sauront bien empêcher, fût-ce par ta mort même,
Que ce pays ne soit souillé d'un diadême....
Un noir ennui m'accable à mon dernier moment,
Tu pourrois l'éclaircir, parle, et je meurs content;
Di, Maurice, la trève est-elle enfin rompue?
Le sang va-t-il couler? di...

SCÈNE VI.

VAN-LIDE, LES ACTEURS PRÉCÉDENS.

VAN-LIDE.

     La paix est conclue,
Et je venois, Seigneur, vous en donner avis.

BARNEVELT.

Ah! je meurs sans regret, j'ai sauvé mon pays.
Allons, Marie, allons.... Ah! retenez vos larmes,
Ne me faites point voir ces indignes alarmes;
Soyez tranquille et ferme. En ce moment affreux,
Vous devez cet exemple à nos fils malheureux.
Que ces infortunés retrouvent dans leur mère
Plus qu'un sort si cruel leur ravit dans leur père :
Qu'ils aiment leur pays, dussent-ils, comme moi,
Mourir sur l'échafaud, pour le sauver d'un roi!

          D

Dites-leur que du tems la justice inflexible,
De ma tombe évoquant la vérité terrible,
Poursuivra mes bourreaux ; et, vengeant mon affront,
Fera lire par-tout leur crime sur leur front.
Dites-leur que Nassau, cet ingrat, ce perfide,
Sous la dent du remords, vengeur du parricide,
Doit expier, bientôt, dans un sombre tourment,
Ce lâche assassinat d'un vieillard innocent (1) ;
Dites-leur.... Mais adieu, toi, que j'ai tant chérie,
Adieu.

MARIE.

Quoi ! je te perds ! et ma triste patrie....

BARNEVELT.

Je lui laisse la paix ; ce n'est point au trépas,
Nassau, c'est au triomphe, où je porte mes pas.

(*Il serre sa femme dans ses bras et sort avec elle.*)

SCÈNE VII.
MAURICE, VAN-LIDE.

MAURICE.

Il triomphe en effet, il a raison, Vanlide;
Nous n'aurons point la guerre ! ah ! ce Sénat timide....

---

(1) En effet, il ne lui survécut pas long-tems : il devint presque fou, et croyoit voir par-tout la tête de Barnevelt. Plus d'une fois même il se leva de table, en jettant des cris affreux, pensant avoir vu cette tête dans le poisson qui lui étoit servi. Il y auroit beaucoup d'autres observations à faire sur ce personnage, qui ne peut être bien jugé que par ceux qui ont étudié l'Histoire. L'intention de l'Auteur, en peignant ce *Prince* tel qu'il étoit, ne peut échapper d'ailleurs à aucun ami de notre révolution.

Peut-être il vit le piége où je l'avois conduit;
Et de notre forfait nous perdons tout le fruit.
Mais il faut l'achever. Gomar est sur la place;
A presser son trépas il mettra son audace;
Et quand vous aurez vu le crime consommé,
Ici même par vous que j'en sois informé.

SCÈNE VIII.

MAURICE seul.

Te voilà seul!... perfide!... Ah! de toute sa rage
Le remords me déchire; et pour comble d'outrage,
A mes complices même il me le faut cacher;
Ils ont osé le craindre et me le reprocher.
Où suis-je donc réduit?... Eh bien! pourquoi permettre
Qu'on trame ce forfait, qu'on ose le commettre?
Ah! de lui faire grâce, ou de le condamner,
Nassau n'a pas la force: Il se sent entraîner
Par le plaisir secret de briser la barrière
Qu'oppose à sa grandeur cette ame libre et fière;
Et d'un autre côté, les bienfaits, l'amitié,
Font entendre à son cœur la voix de la pitié.
Qui va donc l'emporter?... Quel bruit se fait entendre!
Le peuple!... A son courroux sans doute il faut m'attendre,
J'ai massacré son père; et le mien!... Justes Dieux!
Oui, plus que lui cent fois Maurice est malheureux,
Il est déshonoré.... Pleure, pleure, barbare,
Pleure un père, un ami, la vertu la plus rare.
Ton bienfaiteur enfin... Barnevelt va mourir,
Il expire, et tu vis! Le Ciel en doit rougir.

BARNEVELT,

Tu vis, mais dans l'opprobre!... Ah! qu'entends-je?
 on menace,
Je frémis, on approche....

SCÈNE IX.

UN GROUPE DE PEUPLE, MAURICE.

UN VIEILLARD.

     Ah Seigneur! grâce, grâce.
Il est sur l'échafaud; vous pouvez pardonner,
Grâce.... A ce grand complot il se vit entraîner
Sans doute malgré lui; Prince, qu'il vous souvienne
Qu'il a plus d'une fois, d'une ame citoyenne,
Protégé cet Etat qu'on prétend qu'il livroit;
Hélas! est-on bien sûr, Seigneur, de son forfait?
Ah! qui pourra penser que ce grand patriote
Ait vendu sa patrie à cet affreux despote,
Que l'enfer, que l'Espagne a vomi contre nous
Quand lui-même il manqua d'expirer sous ses coups?
Mais s'il commit ce crime, il l'effaça d'avance.
Par trente ans de travaux, par trente ans de constance,
Enfin par soixante ans de gloire et de vertu.
Grâce, grâce, Seigneur.

(Van-Lide paroît dans le fond du théâtre et annonce à Maurice, par un geste, que Barnevelt est mort.)

MAURICE.

     J'ai fait ce que j'ai dû,
Amis, à son épouse orgueilleuse, emportée,
Je l'offris cette grâce; elle l'a rejettée.

Ah! ma reconnoissance accordoit le pardon,
Sa barbare fierté l'a pris pour un affront.
Mais le peuple le veut, j'obéis, oui, qu'il vive.
Vous, Van-Lide, courez.

VAN-LIDE.

O clémence tardive!
O bonté superflue!... Ah Seigneur! il est mort,
C'en est fait.

MAURICE.

Barnevelt!

VAN-LIDE.

Il a subi son sort,
Il n'est plus. Sans trembler, ce vieillard vénérable
Est tombé sous le fer....

LE VIEILLARD.

O crime irréparable!
Mes amis, il est mort.

SCÈNE X.

UN AUTRE GROUPE DE PEUPLE, LES ACTEURS PRÉCÉDENS.

UN JEUNE HOMME.

Oui, mais il est vengé,
Mais il meurt innocent.... Par ma main égorgé,
Gomar, l'affreux Gomar, a confessé le crime.
Pour Barnevelt, ô Dieux! quelle indigne victime!...

Ce perfide, en mourant, pressoit contre son sein....
J'arrache : amis, c'étoit un écrit de sa main ;
Je regarde, je lis.... De la lettre effroyable,
Qui fit croire un moment ce grand homme coupable,
C'étoit l'original : aux États, à l'instant,
Je l'envoye, et je traine ici son corps sanglant.
Le voilà.

(Il le montre dans la coulisse.)

MAURICE (à part.)

Ciel! ô Ciel!

LE JEUNE HOMME.

S'il est encor un traitre,
(à Maurice qu'il voit troublé, et en
levant le poignard sur lui.)

Si je le connoissois !... Qu'avez-vous ? Ah ! peut-être....

LE VIEILLARD (saisissant le poignard.)

Arrêtez.... A l'instant, sa tendre humanité
Nous accordoit sa grâce.... O pour sa liberté
Quelle perte, grands Dieux ! ce peuple vient de faire !
Qui peut la réparer ?

LE JEUNE HOMME.

Et les fils et la mère.

Il faut que les États les adoptent tous trois ;
Qu'ils soient notre soutien, qu'ils soient l'appui des lois ;
En sa femme, en ses fils que Barnevelt renaisse ;
Et que pour eux le peuple ait la même tendresse.

TRAGÉDIE.

LE VIEILLARD.

Oui, nous le jurons tous.

LE JEUNE HOMME (*élevant son poignard.*)

Jurons encor, amis,
De tuer de nos mains tout traître à ce pays,
Fût-ce nos propres fils, nos femmes ou nos pères.
Jurons, enfin, jurons, avec des cœurs sincères,
De défendre nos droits et notre Liberté,
Et de mourir pour elle, et pour l'Egalité.

TOUS.

Nous le jurons.

UNE VOIX.

On vient.

SCÈNE XI.

UN DÉPUTÉ DES ÉTATS, LES ACTEURS PRÉCÉDENS.

LE DÉPUTÉ.

Citoyens, audience
De la part des Etats.... Le crime et l'innocence
Sont connus : le grand homme, amis, que nous pleurons,
Victime de son zèle, et d'injustes soupçons,
Au fer sacré des lois offrit une ame pure :
Mais les Etats, trop tard instruits de l'imposture,
Et ne pouvant, hélas ! réparer ce forfait,
Ordonnent qu'à l'instant, et voilà leur décret ;

De notre Liberté ce martyr vénérable,
Barnevelt, soit porté dans la tombe honorable
Où reposent déjà quelques mortels chéris,
Dont la tête ou le bras a sauvé ce pays.
    (à *Maurice*.)
Ils adoptent ses fils.... Enfin cette loi juste
Veut que Nassau préside à cette pompe auguste;
Eux-même ils y viendront.

MAURICE.

    Que je préside! ô Dieux!

LE DÉPUTÉ.

Vous en devez régler l'ordre majestueux;
Puissent-ils envers vous borner là leur vengeance!
 (à *Van-Lide*.)
Et vous, n'ayez jamais besoin de leur clémence.

La pompe commence par une marche grave, noble et analogue au sujet : bientôt on voit paroître un groupe considérable de peuple : les Etats marchent ensuite ; ils sont suivis par la femme et les deux fils de Barnevelt, dont le corps est porté par dix citoyens sur une estrade triomphale : il est environné d'un groupe immense de peuple. Le Stathoudre agité, troublé, s'avance d'un pas égaré. Des flambeaux éclairent la cérémonie qui traverse le théâtre dans le plus grand ordre, en chantant l'Hymne suivant :

HYMNE.

UNE VOIX.

Portez au temple de mémoire
Cet ami de l'Egalité,

TRAGÉDIE

Ce martyr de la Liberté,
Qui, sous les coups d'un tyran détesté,
Vient de succomber avec gloire.

TOUS.

Portons, etc.

UNE AUTRE VOIX.

Grand politique, intègre magistrat,
Par ses vertus et par son éloquence,
Que de fois il sauva l'Etat !
Que de fois il tendit la main à l'innocence !

TOUS.

Portons, etc.

UNE AUTRE VOIX.

Ses fils sont ceux de la patrie ;
Par eux sa vertu lui survit ;
Leur ame tendre s'affermit,
Au souvenir de son mâle génie.
Un jour ils auront son pouvoir ;
De leur pays ils sont l'espoir ;
Et l'effroi de la tyrannie.

TOUS.

Portons, etc.

La musique s'éloigne insensiblement ; enfin, il se fait un moment de silence. Bientôt la marche recommence, et en se rapprochant, annonce le retour du cortège qui en effet revient dans le même ordre qu'il est parti, en continuant l'Hymne commencé.

D'ARNEVELT.

Tous.

Il est au temple de mémoire,
Cet ami de l'Egalité,
Ce martyr de la Liberté,
Qui, sous les coups d'un tyran détesté,
Vient de succomber avec gloire.

Une voix.

Tant qu'il vécut, de l'esclavage
Il fut l'ennemi le plus grand;
Et du bonheur qui nous attend
Son trépas est encor le gage;
Il nous donne aujourd'hui la paix,
Chantons, célébrons ses bienfaits....

Tous.

Chantons, etc.

Une autre voix.

La paix rendra nos champs fertiles,
Et nos campagnes et nos villes
Vont se repeupler désormais;
La sainte humanité respire,
Le commerce, les arts, déjà tout refleurit;
Et la mère tendre sourit
En embrassant son fils; ce fils qu'hymen désire,
Et que long-tems la guerre lui ravit.

Tous.

Il est, etc.

SCÈNE DERNIÈRE.
UN JEUNE HOMME, LES ACTEURS PRÉCÉDENS.

LE JEUNE HOMME.

Seigneurs, Maurice fuit.

UN DÉPUTÉ.

Comment? Expliquez-vous.

LE JEUNE HOMME.

Accablé de sa honte et craignant le courroux
Du peuple et des Etats qu'il a trahis sans doute ;
N'osant plus voir enfin ce peuple qu'il redoute,
Suivi du seul Van-Lide, et la mort dans le cœur,
Il fuit vers le canal, conduit par la terreur.
Un navire attendoit qui portoit leur famille,
Leur front, en le voyant, d'un perfide espoir brille,
Ils l'atteignent enfin ; les ancres à l'instant
Se lèvent, le vaisseau fend l'onde en écumant,
Et loin de ces climats tous les deux les emporte.

LE DÉPUTÉ.

De leurs communs forfaits la preuve est assez forte ;
Citoyens, devons-nous les laisser impunis ?
Par un juste décret que leurs noms soient flétris.

TOUS.

Ils l'ont trop mérité.

Par le Stathoudérat voit sa gloire ternie;
La Liberté frémit à l'aspect d'un pouvoir
Qui pouvoit usurper le sceptre et l'encensoir,
Maître presque absolu sur la mer, sur la terre.
Si nos pères jadis l'ont jugé nécessaire,
Ce jour nous a fait voir qu'il est plus dangereux;
Abattons à nos pieds ce colosse hideux,
Qu'il soit anéanti: Pouvoir démocratique!
Tu dois commander seul dans une République.

TOUS.

Fin de l'Hymne.

Vive la Liberté,
Vive la République,
Un chef détruit l'Egalité,
Bientôt il devient despotique,
Un peuple n'est plus libre enfin,
Dès qu'il peut craindre un autre souverain;
Vive la Liberté,
Vive la République.

FIN.

───────────────────────────────
De l'imprimerie de DESENNE, rue des Moulins.

www.ingramcontent.com/pod-product-compliance
Lightning Source LLC
Chambersburg PA
CBHW050020230526
45470CB00003B/1060